AF563673

DU

SERMENT

ÉLECTORAL,

CONSIDÉRÉ SOUS SES RAPPORTS RELIGIEUX, MORAUX ET POLITIQUES.

PAR PETIT-JEAN,

AVOCAT A LA COUR ROYALE DE PARIS,

électeur du département de l'Oise.

Paris.

CHEZ G.-A. DENTU, IMPRIMEUR-LIBRAIRE,

rue d'Erfurth, nº 1 *bis*;

ET PALAIS-ROYAL, GALERIE VITRÉE, nº 13.

1834.

Du Serment électoral.

La déclaration royaliste insérée dans tous les journaux de la capitale et des provinces, a soulevé une grande question, en appelant toute la France légitimiste à prendre une part directe ou indirecte dans les prochaines élections.

Mais qu'irons-nous faire à ces élections, les

premières où les royalistes sont invités à concourir depuis la catastrophe de juillet? Protesterons-nous ou voterons-nous?

S'il ne s'agissait que de choisir le parti le plus utile et le plus avantageux, la question ne resterait pas long-temps indécise entre une protestation et un vote.

La protestation est un moyen presque illusoire; le vote seul peut conduire à un résultat positif. Une protestation ne peut avoir de retentissement que dans les journaux, et ce retentissement n'est que passager. Un député proteste à la tribune, et il proteste tous les jours: sans cesse sur la brèche, il attaque les abus du pouvoir et par sa parole et par son vote.

J'ajouterai qu'une protestation ne sera ordinairement revêtue que d'un petit nombre de signatures : là où il y a vingt personnes qui protestent, on peut être sûr que le nombre de ceux qui désirent protester est beaucoup plus considérable. On n'aime pas à inscrire son nom au bas d'une adresse, ni à se présenter dans un collége une protestation à la main. Si la protestation n'est pas insérée dans les journaux, elle est censée nulle; si elle l'est, on redoute les poursuites contre la presse, l'emprisonnement, l'amende. Qui ne se rappelle les persécutions exercées contre les pétitionnaires connus sous le nom de *dix mille et de vingt mille?* Toutes ces considérations effraient et empêchent de protester, surtout si l'on considère qu'une protestation ne produit assez souvent que du scandale ou du ridicule.

Le vote, au contraire, indépendamment qu'il marche au but par une voie plus sûre, présente cet avantage, qu'il est une arme propre à toutes mains, et dont les timides peuvent se servir aussi bien que les hommes courageux, à cause du secret dont il est enveloppé. Semblable à un artilleur qui fait feu sur l'ennemi derrière des batteries masquées, l'électeur dépose son scrutin dans l'urne, et il se retire sans qu'on puisse savoir pour qui il a voté. Le fonctionnaire public lui-même, qui est mécontent des injustices du pouvoir, peut joindre son vote à celui de l'opposition, et se donner le malin plaisir de mettre des entraves à la marche de l'autorité, en ayant l'air de lui prêter la main. Le plus honnête homme de la république romaine, Cicéron, que j'aurai souvent l'occasion de citer dans cet écrit, partageait entièrement cette opinion. Il vante le scrutin secret comme le principe d'une juste liberté (1).

(1) *Leges tabellariæ principium justæ libertatis.*

Le vote secret, dit-il, plaît singulièrement au peuple, parce qu'il lui permet de cacher le fond de sa pensée en même temps qu'il donne à son visage une expression toute contraire, et qu'il lui accorde la liberté de promettre tout ce qu'on exige de lui, et de ne faire en réalité que ce qui lui convient (1).

Mais pouvons-nous vanter les avantages du scrutin secret sans nous rappeler aussi nos désastres passés? Qui ne se souvient de la surprise et de la confusion du ministère Villèle, à l'apparition de la Chambre de 1827, lorsque tous les renseignemens pris par ce ministère, toutes les promesses des électeurs, les données et les calculs des préfets lui promettaient une immense majorité? Ce fut assurément le scrutin secret qui remporta cette victoire, la première source de tous les maux qui nous accablèrent depuis, et qui nous conduisirent par degrés à la royauté des barricades. Saisissons-nous donc des armes que nos ennemis ont employées contre nous; comme eux, rendons-nous aux élections et votons dans le sens d'une opposition constante.

(1) *Populo grata est tabella, quæ frontes aperit hominum, mentes tegit, datque eam libertatem, ut quod velint faciant, promittant autem quod rogantur.* (Plancus, 6.)

Surtout, gardons-nous bien de protester : la protestation, c'est quelque chose de négatif; le vote, c'est de la politique d'action. Partout où les royalistes sont sûrs de leur nombre, qu'ils nomment un royaliste. Là où ils peuvent douter de leurs forces, qu'ils appuient par leurs suffrages la nomination d'un opposant consciencieux, quel que soit d'ailleurs le fond de ses opinions politiques. Dans les colléges où il n'existe pas la moindre chance, soit pour la nomination d'un royaliste, soit pour celle d'un opposant, qu'ils se contentent de constater leur nombre par un choix indépendant : surtout, qu'ils repoussent l'orléanisme. C'est de cette manière seulement que je comprends le concours simultané de tous les royalistes aux prochaines élections. Un parti est véritablement puissant lorsqu'il se prononce avec cette unanimité et avec cette énergie.

Mais la prestation du serment, cette formalité indispensable attachée au vote, qu'allons-nous décider à cet égard? Si nous votons, il faut prêter serment.

Cette question est la seule qui présente quelques difficultés; car, à supposer que le serment électoral fût supprimé, tous les royalistes voteraient sans aucune exception.

La longue répugnance que les hommes de ce

parti ont témoignée jusqu'ici contre le serment, l'hésitation dans laquelle quelques-uns d'entre eux se trouvent encore à cet égard, prouvent au plus haut point la conscience des royalistes, le seul de tous les partis qui, depuis notre révolution, se soit montré scrupuleux sur l'article du serment, le seul aussi qui ait fait voir à la France une de ces têtes bretonnes, un de ces hommes énergiques pour qui le refus du serment a été une gloire éclatante. L'orléanisme n'a certainement conservé le serment que pour eux, soit pour les éloigner des affaires par une espèce d'épouvantail, soit pour se les attacher par une espèce de lien. Sans les royalistes, il est peu probable que les hommes qui n'ont jamais tenu compte d'aucun serment eussent imposé à leurs adhérens une obligation qui ne pouvait être que ridicule à leurs yeux. Mais, parce que les royalistes ont de la conscience, doivent-ils se laisser duper? doivent-ils donner, tête baissée, dans le piége qui leur est tendu? Non, sans doute; et il est des circonstances où, dans l'intérêt de son pays, il vaut mieux se diriger par des principes positifs que par des idées chevaleresques qui sont plus nuisibles que profitables à la cause dont on désire le triomphe. C'est ce qui m'a engagé à traiter la question du serment.

Dans l'état actuel de notre société, l'obligation du serment est devenue si commune et même si banale en quelque sorte, que tous les citoyens qui exercent le moindre droit ou la moindre fonction sont soumis à cette formalité : à un tel point, qu'on ne peut être membre du bureau de bienfaisance de son village ou faire partie d'un conseil de fabrique, sans prêter serment au roi des Français.

Le serment est également imposé à une multitude de professions, qui, par leur nature, semblent tout à fait indépendantes de la volonté du souverain. Parce que vous signez des mémoires et des consultations, que vous faites des partages et des contrats de mariage, que vous vendez des meubles à l'encan, est-ce une raison pour prêter serment au roi des Français? il le faut, cependant: car, sans cette formalité, vous ne serez ni avocat, ni avoué, ni notaire, ni commissaire-priseur.

Maintenant, voulez-vous vous occuper des affaires de votre commune, examiner son budget, être consulté sur l'entretien de vos chemins, prendre part à la discussion d'intérêts qui vous touchent comme propriétaire? Prêtez d'abord serment au roi des Français.

Enfin, si vous voulez nommer des conseillers

d'arrondissement et de département, et exercer la plus belle prérogative du citoyen en envoyant à la Chambre des mandataires chargés de défendre les droits de la nation, oh! c'est alors que le serment est exigé comme une formalité rigoureuse et indispensable.

C'est ainsi que l'on a trouvé le moyen ou de faire prêter serment à tous les citoyens, ou d'exclure tous les citoyens non seulement de toute participation aux affaires publiques, mais encore aux affaires privées de leurs compatriotes, en les forçant de renoncer à des professions qu'ils ont achetées et par des sacrifices d'argent et par de longues années de travaux.

Si donc vous ne consentez à passer sous ce que j'appellerai les *fourches caudines* du serment, vous vous exilerez volontairement de tout concours à l'administration de votre pays, vous n'y remplirez aucune profession libérale, vous serez un étranger au milieu de votre propre nation. Que dis je? vous serez Français : mais seulement pour supporter les charges qui s'attachent à ce beau titre, payer les contributions, tirer à la milice, et enfin pour subir toutes les humiliations dont il plaira au gouvernement de vous abreuver.

Or, je vous le demande, une pareille existence

est-elle supportable, et n'est-ce pas un suicide politique que d'abandonner ainsi tous ses droits et de renoncer en quelque sorte à la vie sociale?

Placé entre la cruelle nécessité ou de refuser sa coopération au bien public, ou de prêter un serment à un gouvernement dont il désapprouve le principe, un bon citoyen n'a pas à hésiter : il doit choisir le dernier parti, parce qu'il y a des nécessités politiques et sociales qui ne sont pas moins impérieuses que celle de pourvoir à son existence.

J'avoue que j'ai peine à concevoir comment un serment, quel qu'il soit (j'entends un serment prêté à l'autorité), peut exercer la moindre influence sur la conscience d'un électeur, de manière à enchaîner son suffrage. Je conçois encore moins comment un électeur croit devoir se soustraire à l'obligation de donner un suffrage qui peut être utile à son pays, dans la crainte de prêter un serment à l'autorité. Mais en quoi ce serment peut-il donc agir sur la conscience de l'électeur? Si les termes en étaient ainsi conçus : *Je jure de donner mon suffrage à un bon et honnête citoyen,* ce serment aurait alors un rapport direct avec les fonctions d'électeur, et il constituerait pour lui l'obligation d'envoyer à la Chambre un bon et loyal député. Mais le serment, tel qu'il est, ne peut ni changer ni modifier son suffrage, puisqu'il n'y est pas relatif.

Je vais rendre ma pensée tout à fait claire, par un exemple tiré des fonctions de juré. Quel serment la loi impose-t-elle à un juré? Celui de déclarer en son âme et conscience, si les faits imputés à l'accusé sont vrais ou faux. Voilà un serment dont l'objet est positif et entièrement applicable à la circonstance. Mais si, au lieu de cette formule, on lui faisait jurer fidélité au roi des Français, on ne l'obligerait à rien envers l'accusé. Il serait engagé, à la vérité, par sa conscience d'honnête homme, mais point du tout par le serment.

Qu'un serment de fidélité soit imposé aux préfets, aux officiers de l'armée, aux membres de la Légion-d'Honneur, je le conçois; les uns et les autres tiennent leurs fonctions ou leurs décorations de la volonté du souverain. Mais un citoyen est électeur de plein droit et malgré la volonté du chef de l'Etat. Il ne lui doit donc pas de serment de fidélité. Il peut même se rencontrer des circonstances où le pouvoir électoral se trouve tout à fait en opposition avec le pouvoir royal; bien entendu que je raisonne d'après les principes posés dans la nouvelle Charte; et dans ce cas, il importe de ne pas soumettre le premier au second, par l'obligation d'un serment.

Je compare un pareil serment aux conditions inutiles qui figurent quelque fois dans un acte. Elles ne le vicient pas, mais elles sont réputées non écrites. Telle est mon opinion sur le serment imposé à l'électeur.

Je pourrais à la rigueur me borner à ces observations; mais comme je tiens à convaincre ceux de nos amis pour qui tout serment est quelque chose, même celui prêté au roi des Français, et que je professe un grand respect pour le serment, lorsqu'il est de nature à engager la conscience, j'examinerai cette grave question dans toute son étendue. Je ferai voir dans quel cas le serment est valide, et dans quel cas il est nul. J'appliquerai ensuite mes principes au serment prêté à l'ordre de choses actuel.

Le serment est un acte par lequel l'homme prend Dieu à témoin qu'il fera ou qu'il ne fera pas telle ou telle chose. Sous ce rapport, il est essentiellement religieux (1), parce qu'il appelle l'intervention de la Divinité (2), par cette parole

(1) *Est jusjurandum affirmatio religiosa.* (Cic., *Off.*, 3.)

(2) *Quasi Deo teste.* (Id.)

sacramentelle placée en tête du serment : *Je jure.* Or, *je jure* ne signifie pas autre chose que *je prends Dieu à témoin.*

Aussi, chez tous les peuples, le serment a-t-il été extrêmement rare. Il y a même des sectes religieuses qui, abusant de ces paroles de l'Ecriture : *Ne jurez pas, contentez-vous seulement de dire : Cela est ou cela n'est pas,* le proscrivent entièrement.

De ce que le serment est un acte religieux, il faut conclure qu'il n'y a que les hommes religieux qui se croient engagés par le serment. Si c'est pour cela que l'on a inventé la pratique *des vertus chrétiennes,* je conviens que l'idée n'est pas tout à fait maladroite.

Mais de ce que le serment est un acte essentiellement religieux, il ne faut pas conclure que tout serment soit valable, même prêté par un homme religieux.

Pour apprécier la validité d'un serment, il faut considérer quelle est la matière et l'objet de ce serment, et ce que j'appellerai en quelque sorte sa légalité.

Il y a plusieurs espèces de sermens : les uns sont prêtés en face des autels, entre les mains d'un ministre de la religion. Ils nous obligent à faire ce que la loi de Dieu ordonne et à fuir ce qu'elle défend. D'autres sont prêtés entre les mains d'un magistrat, au milieu de l'appareil imposant qui accompagne la justice. Là, vous êtes sommé, au nom de Dieu et en présence de son image, de dire la vérité, toute la vérité, et rien que la vérité.

La matière et l'objet de ces deux sermens sont, d'une part, de faire ce qui est conforme à la loi de Dieu; d'autre part, de rendre témoignage à la vérité.

Mais supposons qu'un ministre de la religion vous fasse jurer de faire une chose en opposition avec la loi morale et religieuse; supposons qu'un magistrat, au lieu de vous faire jurer de dire la vérité, vous fasse jurer de mentir à la justice, vous ne serez certainement pas obligé par votre serment ni dans l'un ni dans l'autre cas.

Il ne suffit donc pas d'avoir prêté serment pour être engagé; il faut encore que l'objet du serment soit juste et raisonnable. Ce qui fait la validité d'un serment, ce ne sont ni la forme ni les paroles de ce serment, c'est le fond; et il est nécessaire qu'il repose sur une obligation, soit naturelle, soit religieuse, déjà valable par elle-même, à laquelle le serment ajoute un caractère de sainteté, mais qu'il ne valide pas si elle est nulle. Comment supposer, en effet, que la Divinité puisse intervenir pour légaliser un acte illicite? En vain on m'objectera que je détruis la nature du serment; que je le rends inutile à la société civile, en professant le principe qu'il n'est rien par lui-même, et qu'il n'a de valeur que par l'obligation à laquelle il est attaché. Je ne prétends pas, avec Hobbes (1), que le *serment n'ajoute rien à l'obligation;* je dis, au contraire, qu'il la sanctifie, mais seulement lorsqu'elle est valable. En un mot, ce que je repousse de toutes mes forces, c'est qu'on fasse le serment complice du crime, c'est qu'on l'invoque en faveur de la violation des lois divines et humaines. Et ici je dois rapporter l'opinion de Grotius, homme profondément religieux et de la plus grande rigueur, touchant le serment : « Afin qu'un serment soit valable, dit-il, il faut que l'on ait pu s'engager en conscience à ce que l'on a juré de faire ou de ne pas faire. Une promesse faite avec serment est donc nulle toutes les fois qu'elle roule sur quelque chose d'illicite, ou par le droit naturel, ou par le droit divin, ou même par *les*

(1) *Jusjurandum nihil addit obligationi quæ est ex pacto.* (Cap. 2, § 22.)

lois humaines (1). » Ce sentiment est celui de Puffendorff et de Barbeyrac (2).

La mention des *lois humaines* me ramène tout naturellement au serment politique, à celui qui lie les princes aux sujets et les sujets aux princes; serment que tout gouvernement, quelle que soit d'ailleurs sa forme, soit monarchique, soit républicaine, peut exiger de la société qu'il régit. Nous le trouverons soumis aux mêmes règles. Ici c'est la qualité de la personne à laquelle vous prêtez serment qui fait l'objet de ce serment : or, il n'y a qu'un gouvernement légitime, c'est-à-dire celui qui est fondé sur les anciennes Constitutions de l'Etat, qui puisse valablement imposer l'obligation de fidélité et d'obéissance; autrement, l'obligation de fidélité sur laquelle repose le serment étant contraire aux lois de l'empire, le serment est nécessairement nul, puisqu'il n'a de force qu'autant que l'obligation est valable. Si donc un gouvernement usurpateur, un prince que la force brutale a placé sur

(1) *Ut valeat juramentum oportet obligatio sit licita; quare, nullas vires habebit jurata promissio de re illicitâ, aut naturaliter aut divinâ interdictione, aut etiam humanâ.* (GROTIUS, *de Jur. belli et pacis*, cap. 13, § 6.)

(2) Lib. 4, cap. 2, § 11.)

le trône, abuse de cette même force pour vous imposer un serment, vous n'êtes pas plus tenu envers lui que vous le seriez envers un voleur de grand chemin qui vous ferait souscrire une obligation le pistolet à la main.

Le serment, pour être valable, ne peut donc être prêté qu'au pouvoir de droit. Admettre que le pouvoir de fait puisse jamais l'exiger, c'est détruire le principe même de l'obligation du serment, qui n'a été institué que pour maintenir la stabilité des Etats; c'est anéantir son caractère religieux et indélébile, en le soumettant aux vicissitudes de la fortune, en le livrant, comme un vil instrument, entre les mains des factions. Non, un nouveau serment, quel qu'il soit, ne sanctionnera jamais l'usurpation ni la victoire honteuse du crime sur la vertu. J'en appelle à tout homme franc et sincère : ou le serment n'est qu'un vain nom, ou, s'il est quelque chose de réel, il doit survivre au temps et aux circonstances, et il ne saurait être submergé dans le naufrage du bon droit; il est, au contraire, la planche de salut qui doit conduire au port le malheureux qui la tient étroitement embrassée, quoique battue par les flots et par la tempête.

Qu'il cesse donc de se regarder comme sacré et inviolable, tout prince, tout gouvernement qui ne nous demande un serment qu'après avoir violé tous les siens; et qu'il ne croie pas mettre ses rapines en sûreté, parce qu'il a l'air de les placer sous la sauve-garde de la Divinité.

« Vous avez violé vos promesses, disait un poète romain, je n'engage pas ma foi à un parjure (1). » « Point de société avec les tyrans! s'écriait Cicéron; entre eux et nous, il y a un mur de séparation (2)! » Suivant Brutus, il n'y avait pas de promesse, pas de serment qui pût obliger envers un tyran (3).

On sait que les Romains appelaient tyrans tous ceux qui avaient usurpé le pouvoir au mépris des Constitutions de l'Etat.

Ces maximes sont celles de tous ceux qui ont écrit sur le droit public et sur la fidélité que nous devons aux gouvernans. Hors de la ligne du droit, tout est désordre, confusion et anarchie. Le prince n'est pas lié aux sujets, ni les sujets au prince. Il n'y a pas de serment possible, puisque le serment n'est que la recon-

(1) *Fregisti fidem : neque dedi, neque do infideli cuiquam.* (Occius.)

(2) *Nulla nobis cum tyrannis societas, sed potius summa distractio est.* (Off., l. 3, ch. 6.)

(3) Ει δ' ἐπιθυμήσει τὶς ἄλλος τυραννίδος, οὐδὲν πιστόν ἐστι Ρωμαίοις πρὸς τυράννους, οὐδ' ἔνορκον. (App., l. 2.)

naissance du pouvoir légitime, et comme un hommage public rendu à l'existence ainsi qu'à la souveraineté de ce pouvoir, et que, lorsqu'il n'est pas exprimé, il est tacite de la part des sujets. En cas d'usurpation, bien loin d'être empreint d'un caractère religieux, le serment ne contient pas même une promesse.

Cicéron disait que les voleurs avaient des lois auxquelles ils étaient obligés de se soumettre (1), et cela est de la plus exacte vérité; car, après avoir détroussé les voyageurs, il faut nécessairement procéder au partage des dépouilles, et en maintenir la propriété entre les mains de ceux qui les ont volées : autrement, leur réunion ne subsisterait pas, faute de lien social. Ces hommes de sang et de pillage sont donc obligés d'établir une police, et de se laisser gouverner par des magistrats.

On pourrait dire la même chose d'un Etat où les barricades seraient tantôt en honneur, tantôt sévèrement défendues. Hier, les baïonnettes devaient être intelligentes; aujourd'hui, elles doivent être serviles. Hier, c'était la multitude qui devait imprimer le mouvement à l'armée; au-

(1) *Quis etiam latronum leges esse dicuntur quibus pareant.* (Cic., *Off.*, l. 3.)

jourd'hui, c'est l'armée qui doit faire courber le peuple sous sa volonté toute puissante. Ce qu'on appelait *grandeur d'âme et héroïsme*, on l'appelle *trahison et perfidie*.

D'où vient donc cette étrange contradiction, ce flux et reflux d'opinions opposées qui se choquent entre elles comme les élémens confondus dans le chaos? C'est que ni l'une ni l'autre de ces sociétés, pas plus celle des brigands que celle du gouvernement dont je suppose l'existence, ne sont assises sur la base du droit; c'est qu'après le pillage, il faut jouir en paix du fruit de ses déprédations. Voilà le secret de ce grand amour de l'ordre et de la tranquillité publique; voilà pourquoi on exige de vous tant de sermens: comme si Dieu pouvait prêter son appui à la fraude et à l'injustice; comme si, au contraire, il n'était pas le vengeur de la veuve opprimée et de l'orphelin dépouillé! Mais ces lois dont nous parle l'orateur romain, ces sermens qui obligent entre eux et les voleurs et les spoliateurs des droits des nations, obligent-ils aussi les honnêtes gens? Non, assurément; et pour s'en affranchir, tous moyens sont légitimes, jusqu'au serment même que la force vous impose.

— Je vous arrête ici, me diront les adversaires du serment; nous convenons avec vous que le serment doit reposer sur quelque chose de licite, et, comme vous, nous regardons comme nul tout serment prêté à une autorité illégitime. Mais autre chose est d'établir la nullité d'un serment déjà prêté, autre chose est de prêter un serment qu'on sait être nul ; c'est le cas d'obéir au précepte de l'Ecriture : *Ne jurez pas.*

— Ne jurez pas ! Mais s'il y a nécessité pour vous de jurer ? N'ai-je pas déjà établi qu'il existait des nécessités politiques et sociales non moins impérieuses que les nécessités physiques ? Quelle différence trouvez-vous entre le pirate (1) qui me fait jurer de sacrifier toute ma fortune pour le prix de ma rançon, en ne me laissant d'autre alternative que le serment ou la mort, et celui qui me condamne, sous peine de serment, à lui faire l'abandon de ma profession, de mes devoirs de citoyen, et, en un mot, de tous les droits que les hommes réunis en société regardent comme aussi précieux que l'existence même ?

Je termine cette discussion de pure théorie par un exemple tiré de l'histoire de notre révolution. A cette époque fatale où la Convention

(1) *Ut si prædonibus pactum pro capite pretium non attuleris, nulla fraus est, ne si juratus quidem id non feceris.* (Cic., *Off.*, l. 3, c. 29.)

nationale, marchant sous les enseignes de Marat et de Robespierre, proscrivait, confisquait, guillotinait, il fallait aussi faire preuve de dévouement à ce régime de sang et de terreur ; il fallait aussi prêter des sermens. Qui ne se rappelle les certificats de civisme, les protestations de fidélité à la Constitution de 93 ? Qui peut être repris pour avoir prêté ces sermens ? Qui aurait pu ne pas les trahir sans commettre un crime ?

Il y a donc des circonstances où les sermens et les protestations peuvent n'être pas l'expression de la vérité, sans blesser cependant les principes rigoureux de la droiture et de l'équité.

Je quitte le terrain des doctrines pour arriver à l'application de mes principes au serment prêté à l'ordre de choses. En abordant cette question, je m'aperçois que je marche sur des charbons cachés sous la cendre, tant il est difficile de s'exprimer avec la discrétion convenable sur les droits de Louis-Philippe à la couronne de France, et sur le serment qu'il lui a plu d'imposer à la nation française. Je me contenterai donc de poser de simples questions auxquelles la sagacité de mes lecteurs répondra pour moi ; ensuite, je me réfugierai de nouveau dans les abstractions.

Les lois fondamentales de la monarchie française établissaient-elles que la couronne était hé-

réditaire de mâle en mâle et par ordre de primogéniture?

La Charte de 1814 n'a-t-elle pas confirmé ce droit, bien loin de l'abolir?

N'est-ce pas en vertu de ce droit que Charles X a succédé à Louis XVIII?

Le duc d'Orléans a-t-il prêté serment de fidélité à ces deux rois et à la Charte de 1814?

La responsabilité des ordonnances du 25 juillet 1830, à supposer qu'elles fussent illégales, devait-elle retomber sur le roi?

Une Chambre de députés élue et convoquée sous Charles X, pouvait-elle, de sa propre autorité, prononcer l'exclusion de quatre-vingt-quatorze pairs, la déchéance de Charles X, la création d'une nouvelle Charte et d'un nouveau roi?

L'abdication de Charles X et celle de son fils pouvaient-elles être acceptées sans qu'on acceptât en même temps la condition de cette acceptation, la reconnaissance d'Henri V? Telles sont les questions dont je propose la résolution, et auxquelles je puis me dispenser de répondre.

Si le serment de fidélité prêté à Charles X et à la Charte de 1814 pouvait être détruit à l'égard des Français en général, par les évènemens survenus en juillet et en août 1830, il resterait cependant des hommes pour lesquels il subsisterait toujours, et sur la tête desquels il appellerait le poids des vengeances divines. Ces hommes, ce ne sont pas nous autres royalistes, qui avons respecté le serment qui nous liait à la légitimité; ce sont ceux qui ont cru se délier de leur serment en le foulant aux pieds.

A la rigueur, nous serions excusables, nous autres, d'avoir cédé à l'orage, et de nous être résignés à subir la loi du plus fort; mais ils n'ont aucune excuse à alléguer, ceux qui ont violé la Charte en prononçant la déchéance. Or, ces gens-là, ils sont encore aujourd'hui même sous l'obligation de leur serment, comme ils l'étaient il y a quatre ans, et ils se trouvent dans l'incapacité *morale et religieuse* de proposer aucun serment à la nation qui ne soit lui-même vicié dans son principe, à cause de l'origine du pouvoir dont il émane; car *le parjure, bien loin de dissoudre les liens du serment, les resserre encore plus étroitement* (1). Quoi! c'est vous, vous, orléanisme, qui venez me demander un serment! Mais y pensez-vous? De quel droit et à quel titre? Montrez-moi la décharge de votre

(1) *Fraus enim adstringit, non dissolvit perjurium.* (Cic., *Off.*, l. 3.)

Pour éclaircir cette controverse, je déclare que, dans ce passage, je considère la question par rapport au for intérieur, et nullement eu égard à la politique.

obligation. Où sont vos premiers sermens? qu'en avez-vous fait?

D'après ces considérations, dont il serait difficile de contester la vérité, à quoi se réduisent donc les obligations du serment que nous prêterions au nouvel ordre de choses? Je vais essayer de les apprécier à leur juste valeur.

C'est une opinion admise par tous les docteurs et les jurisconsultes, que le serment doit s'interpréter comme l'entend la personne qui le reçoit (1). Je devrais donc interpréter le serment que je prête à la nouvelle dynastie de la même manière que les hommes du jour interprétaient le serment qu'ils juraient à l'ancienne. Ainsi, quand je dis : *Je jure fidélité au roi des Français et à la Charte de* 1830, je sous-entendrais ces expressions : *Comme nos gouvernans actuels ont entendu qu'ils juraient fidélité à Charles X et à la Charte de* 1814.

(1) *Quod enim juratum est, ut mens deferentis conciperet, fieri oportere, id servandum est.* (Cic., *Off.*, l. 3.) Il faut tenir ce qu'on a promis avec serment de la manière dont l'a entendu celui qui nous fait jurer.

Il faut que l'intention de celui qui jure réponde toujours à la manière dont il voit qu'on entend les paroles du serment; et c'est ce qui s'appelle jurer en bonne conscience. *Hoc est quod dicitur liquido jurare.* (Grotius, l. 13.)

D'après cette base, j'établirais facilement quelle serait la latitude du nouveau serment. Etre en guerre ouverte contre le gouvernement; faire une opposition constante contre les hommes qui siégent au pouvoir; les attaquer dans toutes les circonstances où ils proposeraient des lois et où ils demanderaient des subsides à la nation; user de la liberté de la presse non pas comme d'un flambeau propre à éclairer le peuple, mais comme d'une torche incendiaire pour allumer les passions; réunir autour de soi tous les ennemis déclarés du gouvernement; former des associations pour le refus de l'impôt; ne considérer le serment que comme une carte d'électeur; grossir par tous les moyens imaginables le nombre de ses partisans; enfin, au dernier moment, faire un appel aux armes, et s'emparer violemment du trône au mépris des lois et de la Charte : telles seraient les obligations du nouveau serment, si jamais nous consentions à l'interpréter comme les hommes aujourd'hui au pouvoir ont interprété le leur durant quinze ans.

Mais j'userai de plus de bonne foi envers le nouvel ordre qu'il n'en a usé à l'égard de Charles X, et j'interpréterai le serment qu'il exige de nous, d'après les principes posés par lui-même, comme étant la base de son serment et du nouveau droit public qu'il a eu la prétention de fonder en France.

Après le combat des trois jours, les hommes qui n'y avaient pris aucune part, s'occupèrent alors à profiter de la victoire, et à remplacer une Charte par une Charte et un roi par un roi. Le duc d'Orléans venait de recevoir de Charles X le titre de *lieutenant-général du royaume*, la tutelle du petit-fils de ce prince, et l'ordre de faire reconnaître le jeune roi par les Chambres convoquées pour le 3 août, en vertu d'une ordonnance royale. Investi de ce pouvoir, ainsi que de la confiance de son roi, il se présente aux Chambres. Il fait insérer aux archives l'acte d'abdication de Charles X et du dauphin, et, au lieu de faire proclamer Henri V, il proteste *qu'il est fermement résolu à se dévouer à tout ce que les circonstances exigeront de lui, et que c'est aux Chambres qu'il appartient de le guider.* (Moniteur, 3 août.)

La Chambre se déclare alors en permanence, on se hâte de vérifier les pouvoirs, et, sans perdre de temps, un député (M. Bérard) fait la proposition de donner la couronne au duc d'Orléans, sous la condition qu'il jurera de se soumettre à un nouveau pacte fondamental dont il donne lecture à la Chambre.

C'est ici que commence l'établissement de nouvelles maximes sur le serment et sur la souveraineté. Le serment que l'on va exiger de vous n'est plus cet ancien serment de fidélité à la personne du roi, tel qu'il avait été compris jusqu'alors. Lorsque Louis XVIII donna la Charte, cette Charte qu'il présentait comme un bienfait de son autorité royale, il laissait au serment toute son ancienne dignité; c'était à lui qu'on jurait d'abord fidélité, et ensuite à la Charte et aux ordonnances du royaume. Aujourd'hui ce système est entièrement renversé : la souveraineté du peuple et le droit d'insurrection deviennent la base du nouveau pacte social. Tranchons le mot : entre le serment prêté à l'ancienne dynastie et le serment prêté à la nouvelle, il y a la même différence qu'entre une Charte *octroyée* et une Charte *acceptée*; et cette différence est immense.

Ecoutons l'auteur de la *Charte*, M. Bérard, dans l'exposé de ses motifs :

« Les droits que nous sommes appelés à défendre exigent que nous établissions les *conditions auxquelles on obtiendra le pouvoir*. Il nous est permis de stipuler des *garanties sévères*. Nos institutions sont incomplètes, vicieuses même, sous beaucoup de rapports. Il nous importe de les étendre et de les améliorer. *Le prince qui se trouve à notre tête, a déjà été au-devant de notre juste exigence.* » (Moniteur, 6 août.)

Le duc d'Orléans s'était donc soumis d'avance à toutes les conditions qu'on pouvait lui imposer. La couronne qu'il recevait des mains de la révolte n'était que le prix des sacrifices qu'il faisait des anciennes prérogatives de l'autorité royale. Il était réellement *résolu à se prêter à tout ce que les circonstances exigeraient de lui.*

Mais l'orateur qui a insisté avec le plus de véhémence sur le principe de la souveraineté du peuple, c'est M. Persil.

« Il n'est personne, dit-il, qui ne condamne ce principe, que l'autorité toute entière réside en France dans la personne du roi.

« A mon avis, il est indispensable de proclamer le principe contraire, et *d'en faire la base de notre droit public français.*

« Il faut dire que c'est du peuple et *du peuple seul* que peut émaner la souveraineté. Il faut le dire surtout au moment où le peuple se choisit un chef et où il délègue à une nouvelle dynastie l'exercice *d'une partie* de cette souveraineté.

« Il faut le dire pour expliquer notre conduite et *légitimer la translation de la couronne.*

« En conséquence, j'ai l'honneur de proposer à la Chambre, et, sous le titre *de la souveraineté*, deux articles qui seraient ainsi conçus :

« La souveraineté appartient à la nation : elle est inaliénable et imprescriptible.

« La nation, de qui seule émane tous les pouvoirs, ne peut les exercer que par délégation. » (*Moniteur*, 6 août.)

Cette proposition de M. Persil n'a pas été repoussée. Mais la Chambre a décidé qu'elle était sans objet, parce qu'elle se trouvait exprimée dans la déclaration de la nouvelle Charte : or, voici cette déclaration :

« Le préambule de la Charte constitutionnelle (de Louis XVIII) est supprimé comme blessant la dignité nationale, en paraissant octroyer aux Français les droits qui leur appartiennent naturellement. » . . . .

Voilà donc le principe de la souveraineté du peuple bien et duement inscrit en tête de la Charte de 1830, avant même qu'il soit question de la présenter ni au serment du duc d'Orléans, ni à celui du peuple français. Celui du duc d'Orléans, il était acquis d'avance, puisque ce prince avait adhéré à tout ce qui lui serait imposé. . . . . .

Quant au droit d'insurrection, il ne résulte

pas moins de la position prise en juillet par le gouvernement qui a succédé à celui de Charles X.

« Un peuple digne de la liberté, disait Benjamin-Constant, doit se soulever contre la violation de ses droits. Il doit recourir à la force, si la force est invoquée. » (*Moniteur*, 6 août.)

Cet axiome a été converti en loi, et il figure dans l'article 75 de la nouvelle Charte :

« La présente Charte et tous les droits qu'elle consacre (y compris bien entendu celui de la souveraineté du peuple) demeurent confiés au patriotisme et *au courage* des gardes nationales et des citoyens français. »

Tous ces droits, toutes ces garanties ont été acceptés par le duc d'Orléans ; ils ont été la condition *sine quâ non* de son élévation au trône ; et comme s'il eût craint qu'on ne se trompât sur le sens du serment qu'il prêtait, il a développé ce serment de manière à faire voir qu'il adhérait complètement au principe de la souveraineté du peuple et au droit d'insurrection. « Je jure, a-t-il dit, d'observer fidèlement la Charte constitutionnelle *avec les modifications exprimées dans la déclaration.* » (Moniteur, 9 août.)

Le lendemain, 10 août, *le Moniteur*, dans un article presque officiel, intitulé *du Serment*, a pris le soin d'expliquer, non pas aux électeurs, mais, ce qui est plus grave, aux fonctionnaires publics, quelle était la nature du nouveau serment, et quelles obligations il emportait avec lui :

« Qu'est-ce qu'un serment ? c'est l'engagement pris par le fonctionnaire public de consacrer au bien du pays l'autorité dont il est revêtu. Le *principe de tout serment est donc le bien public. Si on le prête au souverain, c'est que le souverain représente tous les intérêts, tous les vœux de la nation. Mais n'est-il pas brisé de fait, lorsque ce même souverain ne représente plus aucun de ces droits, aucun de ees intérêts ?* » (Moniteur.)

Le même article fait entendre que c'est ainsi que le duc d'Orléans doit concevoir le serment qui lui est prêté. « Mieux que personne le duc d'Orléans comprend tous les sentimens que *la nouvelle position a fait naître ; et il a trop de vertu, trop de délicatesse, trop de dignité d'âme pour ne pas les apprécier.* »

Partant donc du principe incontestable que tout serment doit être prêté de la manière dont l'interprète celui qui le reçoit, et tout à la fois des doctrines exprimées dans la Charte de 1830 et dans la déclaration du *Moniteur*, je définis ainsi le serment de fidélité prêté à l'ordre de choses :

« Un serment *prêté au bien public* en la personne du chef de l'Etat; serment subordonné au principe de la souveraineté du peuple et au droit d'insurrection; serment, enfin, que le peuple a le droit de tenir ou de ne pas tenir, suivant qu'il juge que *le souverain représente ou ne représente plus les intérêts de la nation.* »

Cette définition résulte sans aucun doute des textes de lois que j'ai citées: et, quant à la dernière proposition, elle ne sera certainement pas contredite par Me Persil, puisque cet orateur pose en principe que l'autorité toute entière ne réside pas dans la personne du souverain, et qu'en lui déléguant son autorité, le peuple s'en réserve toujours *une partie*, qui ne saurait lui être enlevée ni par aucune prescription, ni par aucun traité qu'il ferait avec le souverain.

Tel est le serment qu'on propose aujourd'hui aux électeurs. Or, je soutiens qu'un pareil serment ne lie personne, et qu'il laisse la conscience parfaitement libre. Je ne vois donc aucune difficulté à ce qu'un électeur royaliste se rende aux élections, et coopère par son vote à la nomination d'un député, puisque le serment ne l'engage à rien.

Electeurs royalistes, je vous ai parlé sans détour, avec toute la sincérité d'un homme profondément pénétré des doctrines qu'il professe. Dans une matière extrêmement délicate, je me suis abstenu de toutes personnalités; j'ai voulu réduire mon sujet à une simple question de principes. Que d'autres prêchent l'insurrection comme le plus saint de tous les devoirs, qu'ils fassent des champs de bataille de nos rues et de nos places publiques. Nous autres, électeurs royalistes, marchons dans la voie de la légalité qu'on nous a faite, quoiqu'il nous en coûte de donner le nom de légalité, à l'ordre ou plutôt au désordre né de juillet. Ne refusons pas à la patrie le secours de nos suffrages : soyons citoyens. Dédaignons la voix de l'orléanisme, qui ne fait un appel à nos consciences que pour nous faire marcher sous ses bannières ou nous écarter de la lice. Surtout point de conspirations, point de guerres civiles. Soyons avares du sang de nos concitoyens, et prodiguons le nôtre, s'il le faut, pour la sainteté de notre impérissable cause. Secondons les vues cachées de la Providence par une constance à toute épreuve, par une patience inébranlable. C'est ainsi que nous arriverons à saluer l'aurore de ce beau jour où nous serrerons avec attendrissement la main de nos frères égarés, au milieu des larmes de la joie et du repentir; où nous éteindrons les derniers feux de nos discordes dans les transports d'une allégresse commune, lorsque les prisons nous auront rendu nos captifs et les terres étrangères nos exilés, lorsque nous n'aurons plus à gémir sur le triste sort de notre chère et malheureuse patrie.

FIN.

PARIS, IMPRIMERIE-LIBRAIRIE DE G.-A. DENTU,
rue d'Erfurth, nº 1 *bis*.

www.ingramcontent.com/pod-product-compliance
Lightning Source LLC
LaVergne TN
LVHW020301230826
846091LV00006B/2490
9782011768667